AF218921

Mein
Leben
im
wirklichen
Ich

Zum Titel des Buches:

Nach dem Buch 'Mein Weg zum wirklichen Ich', das meinen persönlichen Weg vom 'Mann im Verborgenen' hin zur 'sichtbaren Frau' skizziert, beschreiben die Texte in diesem Buch nun ein 'Angekommen'.

Die Suche, die Ungewissheit, die Angst, die Verzweiflung, all das steht nun nicht mehr im Mittelpunkt der Texte.
Vielmehr ist jetzt eine Rückschau, ein Erinnern, ein Reflektieren möglich.
Auch die politische Dimension des/meines Trans* darf stärkere Berücksichtigung finden und deutlich werden.

Es würde mich freuen, wenn meine zu Texten gewordenen Gedanken und Gefühle zum Nachdenken, zum Hineindenken anregen. Vielleicht auch noch ein wenig mehr Verständnis für Trans*menschen und Ihre 'Probleme' und Ihre nicht einfache Suche nach ihren wirklichen Ichs schaffen könnte.

Kerstin F. Wolff
im August 2020

Übrigens:
Wegen der besonderen Relevanz zum Thema dieses Buches finden sich hier einige Texte, die ich auch schon in 'Liebe ICH' vorgestellt habe.

Mein Leben im wirklichen Ich

- noch einmal Trans*gedanken in Trans*gedichten -

Kerstin F. Wolff

Impressum

Bibliografische Information der Deutschen Nationalbibliothek:
Die Deutsche Nationalbibliothek verzeichnet diese Publikation in der Deutschen Nationalbibliografie; detaillierte bibliografische Daten sind im Internet über http://dnb.dnb.de abrufbar.

Fotos der Autorin: StudioLine Photoevents
Realisation Umschlag-Layout:
durch eine sehr nette junge kompetente Frau und Hans-Jürgen Nolte

Kontakt:
autorin.kerstin.f.wolff@t-online.de
Die Autorin im Internet:
https://www.kerstin-f-wolff.de

Von der Autorin auch erhältlich:
=> **Mein Kartenhaus**, BoD 2016, ISBN 9 783741 275104
=> **Mein Weg zum wirklichen Ich**, BoD 2016, ISBN 9 783741 279997
=> **Fenster & Stolpersteine**, BoD 2018, ISBN 9 783744 854382
=> **Atlas - & so viele andere**, BoD 2018, ISBN 9 783752 868593
=> **Liebe ICH**, BoD 2019, ISBN 9783748188612
=> **Frau*jott und Herr*jott im Dialog ... miteinander und
   mit der Welt ...** , BoD 2019, ISBN 9 783735 756381
=> **Wenn WIR nicht träumen . . .**, BoD 2020, ISBN 9 783752 625387
=> **Mein Leben im wirklichen Ich**, BoD 2020, ISBN 9 783752 625417

© 2020 Wolff, Kerstin F.
Herstellung und Verlag: BoD – Books on Demand, Norderstedt
ISBN: 9783752625417

FSC
www.fsc.org

MIX
Papier aus verantwortungsvollen Quellen
Paper from responsible sources
FSC® C105338

Gewidmet ist dieses Buch

. . . Gabi

. . . meiner Familie

. . . Frauke & Jens

. . . den Mädels im 'pef'

. . . all denen,
die in mir immer einfach nur
den Menschen sehen konnten und wollten

. . . allen Menschen,
besonders aber
. . . allen LSBTQI-Menschen

Mein
Leben
im
wirklichen
Ich

<u>das kam mir gerade so in den sinn:</u>

mehr als das ich dieses
inzwischen & endlich
tägliche – beiläufige – kompromisslose
trans*

weniger & eigentlich so gar nicht mehr
als bürde – als last

denn als
lohn
oder auch gar als auftrag

empfinden würde, ja möchte und auch kann

trans*ahnung
trans*traum
trans*sehnsucht

. . . & dann . . .
. . . endlich . . . plötzlich . . .

trans*mädchen
trans*frau
trans*omi

. . . & dann, ja dann . . .
. . . besonders aber auch . . .

trans*glücklich

dieses bild von mir

ja, dieses bild

das ich in meinem kopf hatte
das in meiner fantasie lebte
so unendlich lange

dieses bild
so sehr ersehnt
so sehr erhofft
so unendlich lange

dieses bild nun
ist dieses ich
ist wirkliches ich
ja, dieses ich
dort im spiegel

<u>viele wissen nicht & ahnen nicht</u>

nur manche
- vielleicht -
wissen & ahnen

wie gut es tut
. . .
wie gut es uns tut
- jetzt endlich -
. . .
ein lächeln
geschenkt zu bekommen
. . .
& vielleicht sogar
. . .
eine anrede 'Frau'
geschenkt zu bekommen

späte einsicht

ein, ja dieses, trans*ich

nicht . . .
. . . erklären
können

nicht . . .
. . . haben
. . . erleiden
. . . leben
wollen

& doch . . .
. . . akzeptieren
müssen

als ich mich dann endlich
auf den weg gemacht hatte
. . .
war ich
so froh - so euphorisch
mädchen ! ! !
ich komme zu euch
ich bin auf dem weg
endlich

doch nun
da ich bei euch angekommen bin
zumindest so gut ich eben konnte

da wird mir angst
um euch - um mich
um uns -
mädchen ! ! !

in dieser plötzlich
so neuen so anderen so feindlicheren
- oder täusche ich mich etwa ? -
gegen uns gerichteten
welt
gegen uns mädchen ! ! !

kleine trans*mädchen

konnten doch gar nicht
durften doch gar nicht
wollen:

aber
müssen & dürfen dann irgendwann endlich doch
wollen:

erwachsen werden
mädchen werden
sie selber werden

so sehr glücklich & zufrieden
ich

aber & doch
wohl wissend
. . .
manchmal ist trans*
. . .
ziemlich scheiße
voll scheiße
total scheiße

<u>wir - wir - wir</u>
<u>! ! !</u>

wir müssen uns zeigen
wir müssen sichtbar sein
wir müssen hörbar sein

sonst

sind wir doch gar nicht hörbar
sind wir doch gar nicht sichtbar

sonst
existieren wir doch gar nicht

<u>wie ehrlich bist du zu dir ?</u>

mädchen,

diesen körper hast du dir
. . .
geschliffen
gespritzt
geschönt
- ja, vielleicht hast du das -

doch dieses ich
das lässt sich doch gar nicht
. . .
schleifen
spritzen
- höchstens - ein wenig nur -
. . . schönen . . .
- höchstens - vielleicht - ein wenig nur -

<u>noch immer wieder einmal schaue ich zurück</u>

in mein leben
in meine gedanken

und dann spüre ich tatsächlich noch immer
die not
die tränen
die angst

und immer spüre ich tatsächlich auch wieder

die hoffnung

die mich am ende dann doch
weiter leben ließ

. . . pustekuchen

hatten wir gedacht
die menschen könnten
auch uns
bedingungslos akzeptieren und sogar lieben
?

hatten wir gedacht
alle
menschen könnten
das
? ? ?

tja . . .

warum eigentlich ?

ich dachte
ich könnte es nie

ja, ich dachte,
dass ich es niemals

träumen
wagen
werden
tun
schaffen
überleben

kann & darf & werde

ja,
damals dachte ich das wirklich

ich soll auf mich achten ?
lachte der mann in mir
so laut - so sichtbar - so geringschätzend

du must auf dich achten !
flüsterte die frau in mir
ganz leise - aus dem verborgenen - so besorgt

und ja
das tue ich
- jetzt endlich -

auf mich achten
. . .
ich
kompromisslos
frau

in unserer so sehr großen not

. . . haben wir
unsere partnerinnen belogen ???
- ja, das haben wir wohl -

. . . haben wir
ihr vertrauen missbraucht ???
- ja, das haben wir wohl -

in unserer so sehr großen not

. . . haben wir
auf ihre liebe gehofft ???
- ja, das haben wir wohl so manches mal -

ach, ja,
in unserer so sehr großen not
haben wir wirklich auf ihre liebe gehofft

tapfer

so sehr tapfer bin ich gewesen & so sehr mutig
als kleiner junge

& dann aber doch so viele jahre
habe ich mich nur sehr mühsam
durchs leben
gemogelt & geschummelt

bis sie irgendwann kamen
- ja, irgendwann kamen sie -
die stiche – die schmerzen
erst kaum spürbar - dann fast unerträglich
- so viele gedanken - so viele bilder -
ja, irgendwann waren es
- zu viele gedanken - zu viele bilder -
ja, & irgendwann waren sie
- zu groß - zu übermächtig -
die schmerzen dieses ichs

& dann
so sehr tapfer bin ich gewesen & so sehr mutig
noch einmal
wie der kleine junge, damals
. . .

. . . MICH

jedes

„er"
„ihm"
„sein"

- so einfach daher gesagt -
- so unbedacht & nicht böse gemeint -

ist aber doch wie eine ohrfeige
ist aber doch wie ein nadelstich

ist aber doch ein schmerz
ist

ein zerren der fesseln
die noch immer
gefangen halten wollen . . .

der mann ist weg . . .
ihr mann ist weg . . .

& sie hat keine angst mehr, jetzt
& sie ist befreit, jetzt
& sie ist zufrieden, jetzt
& sie ist entspannt, jetzt

denn . . .

. . . die frau ist da, jetzt
. . . ihre frau ist da, jetzt

ich war klein
du warst klein
& auch zusammen
waren wir klein

doch wir
sind gewachsen
über die zeit
sind gewachsen
besonders an & besonders mit
meinem trans*

&
jetzt sind wir
groß & stark
jede für sich
groß & stark

&
besonders aber sind wir
groß & stark
dann doch & wirklich auch
. . .
GEMEINSAM
! ! !

COMICAL KERSTIN
- im ringen mit ihrem trans* -

BOOOAAAHH
hätte ich das erwarten können ?

WUMM
es tut so weh !

BÄÄÄÄNG
haut es mich um . . .

SSSTHHHH
es sticht in mein herz !

UFFFF
wie soll ich das ertragen ?

UUUMMMH
stöhne ich auf . . .

MMMMHHHHHHMMMM
sammele ich wieder kraft . . .

UUAAARRRRRGGHHH
stehe ich wieder auf ! ! !

gewitter ist

& blitze hat's
& donner hat's

der himmel grollt
die erde bebt

unbill führt das regiment
weltuntergang schwingt das zepter

ach, hat da wohl
dieses ich
ein kleines update gebraucht

um nun endlich
in ruhe & in frieden
zu schrumpeln
&
zu altern

unsicherheit ?

- ich lebe jetzt als frau -
- ich bin frau -
- ich fühle als frau -
- ich war schon immer frau -

ja, was denn nun ?

was kann ich denn . . .
was darf ich denn . . .
was soll ich denn . . .
was muss ich denn . . .
? ? ?

ach,
das ist so kompliziert !
. . .
oder vielleicht auch nicht ?
denn
. . .
ich bin halt, was ich bin
bin jetzt einfach, was ich bin . . .

. . . frau . . .

<u>trans*menschen in der stadt</u>

wir kennen uns nicht
erkennen uns aber doch

&
mit einem augenzwinkern
mit einem lächeln
mit einem scheuen blick

grüßen wir uns
- so unbekannt -
- so bekannt -
- so wir trans* -

grüßen wir uns
- so wissend -
- so nah -
ja,
einander so nah

so weit getragen . . .

haben mich

diese not – meine not
diese ängste – meine ängste
diese verzweiflung – meine verzweiflung

so weit getragen

. . .

meine tränen

. . .

diese tränen
um meine träume
um meine hoffnung

so weit getragen . . .

wie niemals ich
hoffen & auch träumen
konnte & auch durfte

ebendiese herzugeben

der mann in mir
hatte nicht die eier
die er gebraucht hätte
so lange

doch

die frau in mir
hatte sehr wohl die eier
die sie auch brauchte
letztendlich

<u>für trans*fraus frau</u>

ich habe es dir wohl einfach nicht austreiben können
! ! !
? ? ?

. . . denn . . .

du lachst

so herzlich
so laut
so liebenswert

du lachst mich an
noch immer & immer wieder

merkt euch das ! ! !

ihr männer

glaubt doch hoffentlich nicht

dass ihr uns transen nennen dürft

denn wir sind
transfrauen

& übrigens sind wir auch nicht
schlampen - tussis - fotzen
nein, nein, nein

denn ganz sicher sind wir
starke & wertvolle & tolle
ja, ganz einfach
wunderbare & wundervolle
. . .
frauen

so manches mal
wollte ich hadern
mit meinem schicksal
&
so manches mal
wollte ich verfluchen
mein schicksal
&
wollte verfluchen
- mein ich -
- dieses ich -
ja,
wollte es verfluchen
dieses mein ich

. . .

doch dann & wann & immer öfter
merkte ich dann aber auch
was ich wohl tatsächlich wirklich bin

ganz einfach nur ein
glückskind

„Wenn die sich unbedingt umbauen lassen wollen,
sollen die arbeiten gehen
und das aus eigener Tasche zahlen,
dann können Sie von mir aus
mit 'nem Penis auf dem Kopf rumlaufen"

ach Zeckengift,
was haben wir dir denn getan ?
was ist los mit dir ?

geht es dir wirklich nur um's geld ?
glaubst du denn, wir glauben dir das ?

ach Zeckengift,
was haben wir dir denn getan ?
woher kommt deine wut auf uns ?
woher kommt dein hass gegen uns ?

ach Zeckengift,
was steckt denn wohl in dir – ganz tief verborgen ?

<u>so weit bin ich gegangen . . .</u>

& du -
immer an meiner seite
! ! !

& so oft ich dich nun frage
- so unsicher - so hoffend -
wie sehe ich aus ?

. . .

antworten deine augen
antwortet dein lächeln
antwortet dein herz

dieses land im jahr 2015

vor vielen jahren hat das leben
in dieses ich eine frau gepflanzt

& dann, als mein ich endlich diese frau akzeptieren konnte
hat dieses land
mir die wahl gelassen
mich entscheiden lassen
hat dieses land
mir die offizielle frau geschenkt

& dann hat dieses land
mir sogar auch noch bescheinigt:
. . . weiblich geboren !!!
. . . geboren als mädchen !!!

ach ja, & frau könnte nun meinen:
das ist doch eine selbstverständlichkeit

du spürst in dir diese sehnsucht
du erträumst dir diesen weg

diesen weg
so lang & so endlos erscheinend
so viele jahre geduld erfordernd

doch plötzlich
schreckst du auf
reibst dir verwundert die augen

dieser weg
diese sehnsucht - deine träume
ja,
- du blickst verwundert zurück -
diesen weg bist du tatsächlich gegangen
diese sehnsucht ist tatsächlich gestillt
deine träume sind tatsächlich realität geworden

& du fragst dich -
wo sind denn bloß die vielen jahre geblieben
- voller sehnsucht & voller träume -
wie schnell sind denn bloß die vielen jahre vergangen

straßenkampf

lachend
unbeschwert
wir !
auf den straßen der welt
. . . bummelnd . . .
. . . joggend . . .
. . . schlendernd . . .

& sie ?
meinen sie denn es wäre . . .
nicht unsere straße sondern ihre straße ?
nicht unsere freiheit sondern ihre freiheit ?
tatsächlich . . .
ihre freiheit und nicht unsere freiheit

sie . . . diese
irgendwelchen präsidenten ???
irgendwelchen prediger ???
irgendwelchen MÄNNER ???

nicht begehrt
nein, sondern
schlicht & einfach
beneidet

habe ich sie
diese manche so viele frauen

. . . in magazinen . . .
. . . in zeitschriften . . .
. . . in filmen . . .
. . . im überall . . .

die mich begleiteten
mein fast ganzes leben

. . . so sehr beneidet . . .

bis -
bis endlich -
auch ich sein durfte,
was sie einfach schon immer waren -

FRAU

nur eines bin ich nicht . . .

ich bin

mädel
tante
tussi
nervensäge
mädchen
frau
emanze
schreckschraube

. . .

. . . biofrau

menschen,
ein wenig besondere menschen,
wie wir . . .

die wünschen dir
hör' nicht auf verführer

habe einfach vertrauen
in dein eigenes gefühl

habe einfach auch ein wenig mut
deinem eigenen herzen zu folgen

habe einfach den stolz & die würde
dein ICH zu sein

im wartezimmer

sie warten einfach so vor sich hin
& sie beachten dich nicht
warum auch ?

& du bist so stolz
& du fühlst dich so gut
niemand schaut dich fragend an
& niemand sieht in dir den mann

doch dann wirst du aufgerufen
& du willst platzen vor ärger
& du stirbst fast vor scham

& du möchtest ihnen entgegenschreien
:
FRAU

ja, frau & nicht
:
MANN

doch du schreist nicht
& stumm erträgst du die verwunderten blicke
& stumm leidet deine seele

neue erkenntnis

letztendlich
- das weiß ich heute -
brauchte ich
keine stilettos
kein dirndl
kein tutu
brauchte ich all' diese dinge nicht

nein,
ich brauchte
'einfach'
nur dieses
JA
zu der frau in mir
zu dem ICH in mir

bestandsaufnahme

so manche
sehen in mir
. . .
eine dichterin
eine nervensäge
eine schrullige person
einen nachdenklichen menschen
. . . halt . . .
eine ziemlich normale frau

doch wenige nur
sehen in mir noch immer
. . .
einen mann

die transfrau sagte zu ihrer biofrau

„ich war ja für dich eine mogelpackung"

und die biofrau antwortete ihrer transfrau:

„nein, keine mogelpackung – nur eine herausforderung !"

. . .

& so leben die beiden
glücklich & zufrieden
bis hoffentlich ans ende ihrer tage

hätte ich denn ahnen können ?

sanft der pinsel
liebevoll
zart mit den fingern
achtsam
der seele schmeicheln

hätte ich denn ahnen können
? ? ?
dass ich diesen körper
dieses ich
auch verwöhnen & achten
auch lieben könnte
&
nicht nur quälen
drangsalieren
bestrafen
müsste
?

GUT

so lange hat es gedauert

so unendlich lange

doch nun bin ich gut

so gut

endlich -

endlich !

- so gut zu mir -

frage & gegenfrage

wie kann dieser mann denn jetzt nur ...

... einen rock anziehen ?
... sich sogar noch schminken ?
... auch schmuck so lieben ?

... so zufrieden aussehen ?

wie konnte dieser mann denn
die frau in sich so lange ...

... unterdrücken ?
... leugnen ?
... quälen ?

. . . einfach nicht lieben können ?

& eigentlich habe ich auch gar nicht daran gedacht

fast verschlafen
fast die vorfahrt genommen bekommen
fast eine e-mail übersehen
fast im lotto gewonnen
fast zu viel wein getrunken
fast ein gedicht geschrieben

ja,
das war ein tag, heute !

& was hat jetzt das erlebte . . .
. . . mit trans* zu tun . . .
. . . mit meinem trans* zu tun . . .

tja, . . . überhaupt gar nichts !!!

jetzt

. . .

wo ich dir als dein mann
so endgültig verloren gegangen bin

was kann ich dir denn nun
überhaupt noch anbieten von mir ?

vertrauen ?
ehrlichkeit ?
vertrautheit ?
treue ?
zuneigung ?

oder vor allem . . .
. . . den menschen,
der dir doch so lange so sehr nahe war ???
& der dir auch noch immer so sehr nahe ist !!!

. . . & vielleicht ja auch ein tiefer befreiender seufzer ? !

als

die frau endlich diese frau sein durfte
die frau nicht mehr der mann sein musste

da war keine euphorie
da war keine unbändige freude

in mir

nein,
da war einfach nur
. . . große erleichterung

die gute fee -
                    - sie kam nicht zu mir
die weise frau -
                    - gab mir keinen rat
die tapfere heldin -
                    - war nicht an meiner seite

NEIN

ICH selber
musste
meine gute fee
meine weise frau
meine tapfere heldin
sein

ja, & nun bin ich
gut & weise & tapfer

& obendrein sogar auch noch
. . . FRAU

so klar
so deutlich
so laut
so überzeugt

dieses
NEIN
zu mir

ja, & . . .
wie sollte diese wunde jemals
heilen können
? ? ?

tränenräuber

sie weinen ein paar tränen
. . .
wo doch eigentlich
DU
so sehr weinen möchtest und dürftest
. . .
wo doch eigentlich
DU
ein anrecht auf tränen hättest

& so sehr ich die frau in mir
mich trunken machen lasse

so wenig will ich mir
vorschriften machen lassen

von irgendwelchen leuten
von irgendwelchen kaspern
von irgendwelchen clowns

& ganz besonders schon gar nicht
von irgendwelchen männern
! ! !

was ?

noch kein hass an deiner hauswand ?
noch kein fenster eingeworfen ?
noch keine beschimpfung im netz ?

haben sie dich noch nicht entdeckt ?
war noch niemand mutig genug ?

ach, keine sorge,
das kommt schon,
denn . . .

. . . es kommt alles
WIEDER

<u>geheimnisse ?</u>

welche geheimnisse sollte ich denn vor dir haben ?
was sollte ich dir denn noch verschweigen wollen ?

hast du doch schon einmal

so tief . . .
. . . in meine seele . . .
. . . in meine not . . .
. . . gesehen

was könnte oder sollte dich
denn jetzt noch
ängstigen können
?

wo wir wohl wohnen ?

viele von uns wohnen in
Hamburg
Wiesbaden
München
Göttingen
Mailand
Boston
Tokyo
. . .

viele von uns wohnen in
Deutschland
Frankreich
Österreich
USA
. . .

doch,
wie viele von uns wohnen denn
in sich selber
? ? ?

mich ! ! !

manchmal lächelt sie,
wenn sie mich sieht
. . .
sagt,
das kleid steht dir gut
sagt,
deine haare haben heute schön ausgesehen

ja,
manchmal lächelt sie

doch -
immer liebt sie

manchmal auch im „pef" . . .

manchmal noch immer an unserer seite
manchmal auch im „pef" . . .
. . . seid ihr

unsere partnerinnen !

ja, & ihr seid
genauso verzweifelt
genauso ängstlich
genauso hilflos

& ihr seid
genauso voller hoffnung

- immer wieder -

ja, genau wie auch wir es sind

akzeptieren

nicht wollen
aber doch müssen
. . .
das unsagbare
das unfassbare
das unabänderliche
das unabwendbare
. . .
akzeptieren -
nicht wollen aber am ende doch müssen

ich kann mich noch gut erinnern !

es hätten freudentränen werden sollen
- ich hatte es mir so sehr gewünscht -
. . .
damals,
als die frau das licht der welt erblickte

doch -

es sind trauertränen geworden
- mehr haben sie mir nicht gegönnt -
. . .
damals,
als die frau das licht der welt erblickte

so mancher mag
sagen – flüstern – tuscheln:

. . . eine transe !
. . . das war mal ein mann !
. . . ist das wohl noch ein mann ?

& du denkst so bei dir:

. . . wenn ihr mich meint:
. . . stimmt genau !

du hast eine wange hingehalten
du hast die andere wange hingehalten
du hast dir in den hintern treten lassen
du hast was auf die fresse bekommen

ja,
es gibt halt verlierer, opfer,

& doch:

aber, ja,
es gibt halt die auch eigentlich wirklich starken

gefangen
im HEUTE
verfangen
im JETZT

ein GESTERN
so weit entfernt
- vergessen -

ein MORGEN
so weit entfernt
- unvorstellbar . . .

es muss wohl unendlich schwer sein ?

so dezent & hübsch
das make-up
der rock
die haare
so respektabel diese frau

doch sie denken & sagen
noch immer -

ER
! ! !

tonnenschwer lastet die last
auf dir
so schwer so lange so unerbittlich

doch irgendwann
schnippst du mit dem finger
oder
blinzelst einfach einmal
. . .
& dann reibst du dir verwundert die augen
. . .
war da wirklich was
????????

<u>die eine oder andere von uns</u>

träumt von einem ganz
spektakulären
schritt

hinein in die
unspektakularität

<u>tattoo - ?</u>

mag sein
dass ich meinen körper
meine haut meine seele
mein ICH

zu lange zu viel zu sehr
zu heftig
traktiert gequält abgelehnt
vielleicht sogar töten gewollt
habe
als dass ich jetzt, wo ich endlich
dieses ICH lieben darf & kann
es noch weiter quälen könnte

<u>- nein danke !</u>

frauen-bilder

da sind so unendlich viele frauen-bilder
. . .
in manchen köpfen
. . .
die sie suchen
. . .
denen sie nacheifern
denen sie erliegen

. . .

doch die frau in sich
entdecken sie nicht

SO ICH ?

so hungrig
so neugierig
so ungeduldig
so maßlos
. . .
so gierig

SO ICH !

& selbst wenn

das make-up so perfekt
die lippen so rot
der rock so kurz
die absätze so hoch
. . . selbst wenn . . .

ja,
selbst wenn wir nackt
durch die straßen laufen würden
hätte doch niemand
- NIEMAND -
. . .
hätte doch niemand ein recht
UNS ANZUFASSEN
UNS ZU BERÜHREN

nur das dazwischen
lässt zu, dass es

ein oben & ein unten
. . .
links - rechts
. . .
frau - mann
. . .
du - ich

überhaupt geben kann

mein herz weint

. . .

so leise - so laut

so zaghaft - so schluchzend

mein herz weint

. . .

doch du

formst deine hände

und du

sammelst meine tränen

. . .

du sammelst meine tränen

um unsere liebe zu nähren

<u>war es wirklich so</u> ?

es knarrte
quietschte
.

.

.

& das universum
stöhnte auf,
presste,
schrie auf
.

.

.

& gebar Kerstin
ließ Kerstin das licht der welt erblicken
. . .
endlich

ach ja, . . .

seele in not
die ich war
die ich bin
so manches mal

retterin in der not
die du warst
die du bist
so manches mal

. . . ach, ja !

fundsache

tränenzettelchen
tränenbriefe
tränengedanken

hatte ich sie denn tatsächlich
aus den augen verloren
in irgendein kästchen verlegt

diese hilferufe
des mannes um das leben
der frau in ihm

trans* ist

last
bürde
glück
verpflichtung
aufgabe
herausforderung
politisch

trans* ist ICH

perspektive ???

niemand muss

schwul
lesbisch
trans*
bi
divers
mann
frau
sein

aber

jede/jeder darf *es*

. . . noch

ach, die lösung ist doch ganz einfach

voller sorge
betrachtet hast du mich
ängstlich
befragt hast du mich
. . .
ob ich denn wohl auch als frau
an deiner seite bleiben möge

& so habe ich dann mich
befragt & betrachtet
. . .
& gemeinsam lachen wir dann am ende
:
ach, wir könnten uns ja auch gemeinsam
. . . von einem Bergretter 'retten' lassen . . .

trans*
ist doch inzwischen gar kein thema mehr
für mich

bis jemand kommt
&
mein trans*
zu
seinem thema
macht

& eigentlich . . . was für ein wunder !

die haare - etwas licht
die stimme - etwas tief
die brüste - etwas klein

& du blickst in den spiegel
& du siehst in deine augen
& du spürst in dir
:
mehr ging wohl nicht an frau
. . .
aber trotzdem
. . .
doch wohl wirklich eine ganze menge
:
an ich - an frieden - an glück

ich kann alles ! ! !

ich kann:

kochen, putzen, stricken, backen, shoppen,
zicken, abwaschen, mich aufbrezeln

& ich kann:

dübeln, hobeln, sägen, tackern

. . .

denken

. . .

also kann ich doch alles,

was ein mädchen können sollte

bestandsaufnahme / rückschau

vieles sollte . . .
. . . nicht alles ging

vieles musste . . .
. . . nicht alles ging

vieles durfte . . .
. . . nicht alles ging

vieles konnte . . .
. . . nicht alles ging

vieles wollte . . .
. . . nicht alles ging

ach ja,
doch . . .
SO MANCHES GELANG DANN DOCH !

seid stolz

die,
die es nicht leben konnten
würden sie uns nicht
zurufen
raten
wünschen
--- abverlangen ---
:
lebt euer trans
seid stolz auf euer trans
--- ihr dürft es ! ! !
--- ihr könnt es ! ! !
--- ihr müsst es sein ! ! !

--- ein wenig bitte auch für uns ! ! !

erzählt nicht
dass ich gut bin oder böse
! ! !

entscheidet nicht
ob ich mann bin oder frau
! ! !

denn

. . .
ich soll doch wohl auch nicht
euer richter sein
! ! !

es ist alles eine frage der größe ! ! !

sie haben nicht die größe

uns als minderheit
zu achten

ja,
angst haben sie wohl

vor unserer größe

herbstgedanken

immer seltener noch mag uns die sonne wärmen

wind - wolken - regen
bestimmen unser leben

kleider
so leicht - so luftig-locker
verschwinden im schrank

doch ich fühle mich noch immer
so leicht - so luftig-locker
so frei
so frau

noch immer . . .

ängstlich
zweifelnd
fragend
unsicher

- dieses transfrau-ICH -

& noch immer wieder

sagt mir dein lächeln für mich
alles ist gut

so, wie es ist
so, wie es jetzt ist

laut
groß
maßlos
sichtbar

das will ich sein denn schon lange genug war ich

leise
klein
anspruchslos
unsichtbar

<u>sie wollten es</u>

wegmachen
wegtherapieren
töten

- - - sie wollten es mir nehmen - - -
- - - sie wollten es mir einfach nehmen - - -

aber . . .
es ist doch mein trans* ! ! !

ja,
MEIN trans*
. . .
MEIN ICH

immer kann mann oder frau
dieses oder jenes oder alles
auch ganz anders machen im leben

ABER

die trans*frau in sich muss mancher mann
den trans*mann in sich muss manche frau

ja,
das trans* in uns
das müssen wir
wohl einfach akzeptieren

auch
wenn sie es vielleicht
selber gar nicht bemerken

trotzdem neiden sie dir
deine kleinen freuden
dein manchmal glück
deinen frieden mit dir

& es hat den anschein
manchmal neiden sie dir sogar
- dein leben -

wovor sollte ich angst haben ?

vor schmerz . . . ?
. . . den habe ich genug gespürt !

vor einsamkeit . . . ?
. . . die kenne ich zur genüge !

vor dem tod . . . ?
. . . dem war ich doch so nah !

vor einem endlich . . . ?
vor einem unendlich . . . ?

sollte ich davor wohl noch angst haben ? ? ?

sie
erklären dir . . .
fordern von dir . . .
raten dir . . .

was
GUT & RICHTIG
ist

doch immer
ist es ihr
GUT & RICHTIG

& nur sehr selten
ist es dein
GUT & RICHTIG

WIR . . . ALLE . . . NICHT

ich bin sprachlos

. . .

so oft
&
immer wieder

doch -

verstummen

. . .

das darf, das will
ich nicht

nein, verstummen

. . .

das dürfen

WIR ALLE NICHT

gedanken zum frieden

hast du nun deinen frieden mit mir machen können
?
wird dieser frieden denn wohl auch von dauer sein
?

tja,
hast du ?
wird er ?

. . . hast du ? . . . wird er ?
fragt so sehr ängstlich dieses ich

. . . mein neues - endlich ich . . .

was wäre ich wohl geworden ?

wenn vor ach so langer zeit
ein bio und nicht ein trans
für dieses mädchen-ich gesetzt worden wäre
. . .
ein püppchen vielleicht,
so unendlich zuckersüß
ohne wirkliches ich in ihrem ich
. . .
oder doch eher
. . .
eine zicke vielleicht,
die für sich & vieles
einstehen & kämpfen wollte & könnte

ich habe mein trans*

so lange doch gar nicht gekannt
ihm auch gar keinen namen geben können

& ich habe mein namenloses trans*
gehasst und verflucht

& ich habe dieses trans*
bekämpft fast bis zum bitteren ende

um es,
als dieses trans* dann doch einen namen bekam
mühsam zu akzeptieren

& ja
nun habe ich tatsächlich meinen frieden
mit meinem trans* gemacht

& wenn ich recht überlege
liebe ich doch jetzt sogar ein wenig dieses
mein trans*-ich

warum ? ? ? - - - darum ! ! !

als sie noch
ganz-ganz-ganz-ganz-ganz-ganz-ganz-ganz-ganz
klein waren
da waren alle männer
auch einmal mädchen

doch dann durften sie keine mädchen bleiben
nein
dann mussten sie männer werden
für immer und ewig

& wahrscheinlich deshalb
einfach aus
ärger und aus neid -
. . .
wollen sie nun uns mädchen
unterdrücken
& uns klein halten
& über uns bestimmen
& sogar manchmal
quälen und schlagen
oder auch
unsichtbar machen

- wahrscheinlich einfach aus ärger und aus neid -

zu alt
für ein
VIEL

. . .

inzwischen

zu alt
für ein
GANZ VIEL

. . .

sowieso

doch trotzdem:

da geht bestimmt
EINE GANZE MENGE

. . .

noch immer

du ziehst den pullover ein wenig nach oben
und du schaust in den spiegel

und du denkst:
naja . . .

es kann nicht nur große wunder geben . . .
manche wunder sind halt etwas kleiner . . .

doch ob nun groß oder etwas kleiner
... ...
wunder sind wunder

wehmütige rückschau

als meine seele in not war
da konnte ihr niemand helfen

als meine seele in not war
musste sie alleine um's überleben kämpfen

. . .

als meine seele ihre not verbarg
da dachte die welt wohl ... alles ist gut

innehalten
&
betrachten
&
erspüren
. . .
die frauen auf der straße
die frauen in der welt
die frauen im hier & im dort
. . .
erkennen
ihr so verschieden
. . .
& am ende dann tatsächlich auch
. . .
geborgen fühlen
in ihrer verschiedenheit
mit der eigenen verschiedenheit

Frankfurt & Hamburg & München

der mann reiste nach Frankfurt
& sorgsam nahm er seine träume aus der tasche
im spiegel erschuf sich die frau
& die frau war so stolz & glücklich
. . .
der mann reiste nach Hamburg
& sorgsam nahm er seine träume aus der tasche
im spiegel erschuf sich die frau
& die frau war so stolz & glücklich
. . .
der mann reiste nach München
& sorgsam nahm er seine träume aus der tasche
im spiegel erschuf sich die frau
& die frau war so stolz & glücklich
. . .
& als der mann dann endlich
wirklich frau sein durfte ihr leben lang
betrachtete sie die fotos
aus Frankfurt . . . Hamburg . . . München
& die frau war gar nicht mehr so stolz auf diese fotos
& die frau war gar nicht mehr so glücklich über diese fotos
nein,
natürlich fühlte die frau in sich eine tiefe erleichterung
aber sie fühlte auch ein wenig scham & traurigkeit
für das damals noch so wenig ICH

hier in Deutschland – hier bist du sicher !

stell dir vor: du bist schwul . . .
ja, und . . . hier bist du sicher !
stell dir vor: du bist lesbisch . . .
ja, und . . . hier bist du sicher !
stell dir vor: du bist trans* . . .
ja, und . . . hier bist du sicher !
stell dir vor: du bist divers . . .
ja, und . . . hier bist du sicher !
stell dir vor: du magst gartenzwerge . . .
ja, und . . . hier bist du sicher !

ja , hier in Deutschland,
hier bist du sicher,
hier hast du ein recht,
so zu sein, wie du bist
. . .
bis irgendjemand kommt und dir dieses recht
einfach so & ohne wirkliche begründung
nehmen will
. . .
also
.   .   .
SEI WACHSAM

ich gehöre zur risikogruppe

denn ich bin

. . .

frau
trans*

denn ich kann

. . .

reden
denken
widersprechen
handeln

. . .

stark sein

<u>je nachdem, wie viel glück sie hatten ...</u>

ihr trans* ist für manche trans*mädels
ganz einfach der himmel auf erden !

ihr trans* ist für and're trans*mädels
ganz einfach die hölle auf erden !

<u>es war einmal . . .</u>

es war einmal . . .

ein körper
mit haaren an armen, beinen, im gesicht
ein körper
den die seele und das herz
nicht lieben konnten

es war einmal . . .

eine seele
in großer not

ja,
aber es war da doch auch einmal . . .

eine vage hoffnung
ein großer mut

. . .

& jetzt endlich ist alles gut

da sind . . .

wünsche --- gedanken --- erwartungen
hoffnungen --- sehnsüchte

. . . in deinem kopf

doch es sind nicht deine,
es sind ihre

wünsche --- gedanken --- erwartungen
hoffnungen --- sehnsüchte

. . . in deinem kopf

. . .

IHRE
& nicht
DEINE

was viele wissen sollten !

wir sind trans*
wir sind so sehr trans*

aber

. . .

wir sind nicht nur trans*

denn

. . .

wir sind mensch
wir sind einfach mensch